Les histoires incroyables d'une égyptologue

à la découverte
de l'Égypte antique

À la mémoire de René Soulayrol, docteur en médecine
et « cher confrère » de mon enfance, et que je retrouverai
un jour de l'autre côté du temps.

B. L.

Merci, Bénédicte, de m'avoir fait partager ta passion
avec autant de générosité, et à Momie-Claude
pour ta patience éternelle !

R.M.

L'éditrice remercie Bénédicte Lhoyer et Raphaël Martin
pour leur enthousiasme et leur engagement sur ce projet.
Merci également à Estelle Taconnet de m'avoir soufflé ce nom,
et à Amandine Schneider pour son aide précieuse.

M.-C. R.

FSC
www.fsc.org
MIXTE
Papier | Pour une gestion forestière responsable
FSC® C106954

Illustrations : Nancy Peña
Mise en couleurs : Céline Badaroux
Conception graphique : Studio Bayard Éditions
@ Bayard Éditions, 2025
15, boulevard Gabriel Péri, 92240 Malakoff
ISBN : 979-10-363-7880-5
Dépôt légal : mai 2025

Loi n° 49-956 du 16 juillet 1949 sur les publications destinées à la jeunesse.
Imprimé en Slovénie par Florjancic Tisk

Bénédicte Lhoyer et Raphaël Martin • Nancy Peña

Les histoires incroyables d'une égyptologue

à la découverte de l'Égypte antique

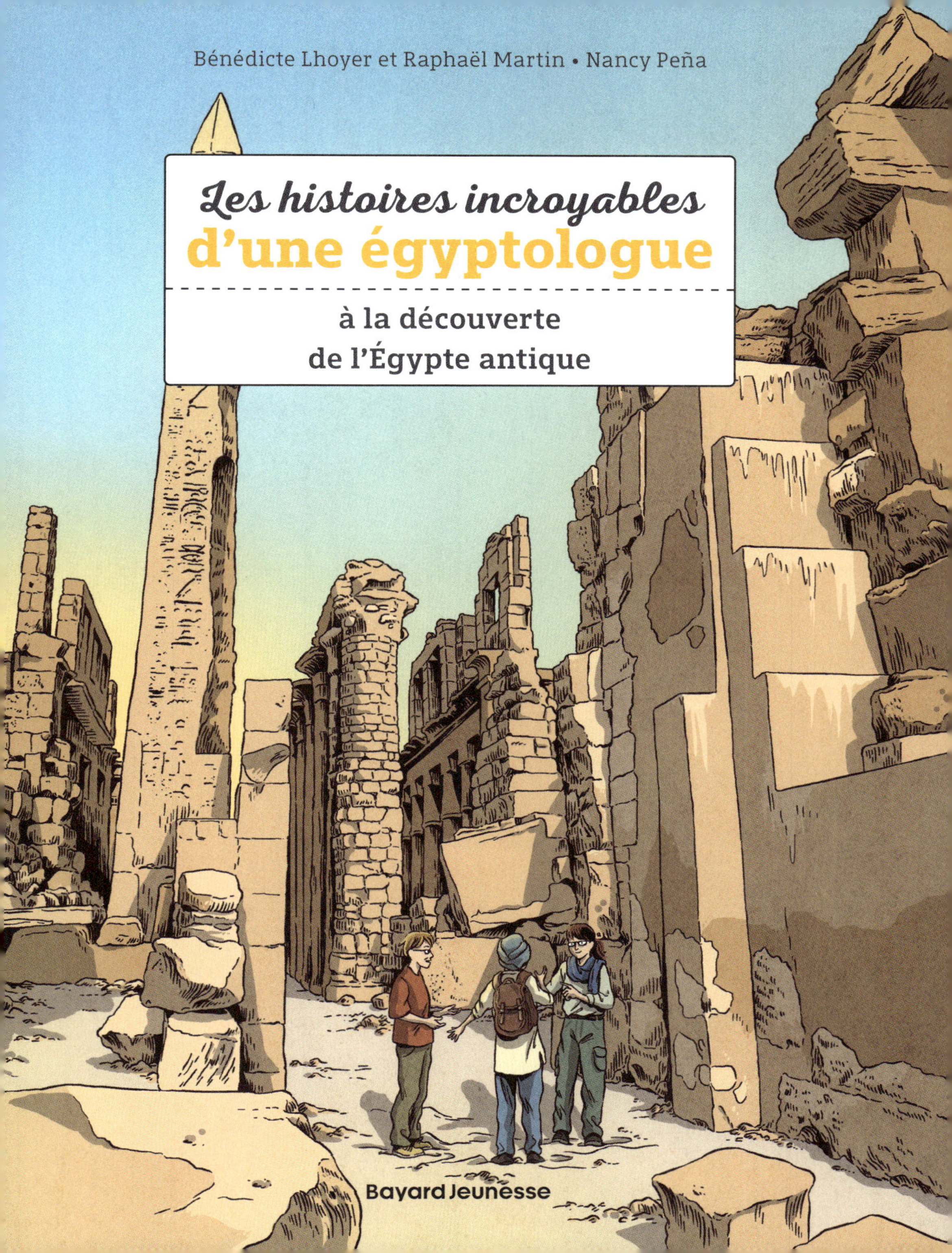

Bayard Jeunesse

Sommaire

Chapitre 1

Devenir égyptologue

Comment mon rêve s'est transformé en réalité.

« Quoi ? Il existe des gens plus anciens que les Grecs de l'Antiquité ??? »

Dans ma tête de petite fille de 8 ans, c'est la tempête. D'aussi loin que je me souvienne, j'adore les mythes, les créatures fantastiques et les héros courageux : Achille, Ulysse, Jason et bien sûr Hercule me fascinent. Côté divinités, la sage Athéna et la sportive Artémis ont ma préférence. Je rêve de ce monde tout en marbre et en sculptures de bronze qui surgissent entre les pages des livres, surtout dans la collection « Tout l'Univers » que mon père sort religieusement pour moi de la grosse armoire vitrée en haut de l'escalier. C'est d'ailleurs là que je découvre avec stupeur que les Grecs se sont largement inspirés d'une civilisation plus ancienne : celle des Égyptiens ! Comment est-ce possible ?

Année après année, cette découverte ne cesse de faire naître en moi des questions. Je suis vraiment fascinée par ces peuples anciens qui bâtissaient des tombes gigantesques, parfois ornées de dessins plus qu'étranges, avec des serpents conduisant des barques, ou des vaches dans le ciel.

Mais à force de dévorer les livres offerts par mon grand-père, les reportages sur le musée du Louvre à la télé et les magazines *Sciences et Vie Junior* piqués à ma sœur, j'ai accumulé plein de connaissances sur le sujet. J'ai découvert que cette civilisation n'avait été comprise que très tard, au XIXe siècle. Les égyptologues d'alors étaient à la fois de sacrés aventuriers mais aussi souvent de grands historiens et de prodigieux dessinateurs. À l'époque, certaines femmes aussi étaient de vraies aventurières, comme la pionnière de l'égyptologie Sara Belzoni, épouse d'un explorateur italien. Mais elles se montraient plus modestes et discrètes que les hommes ne participant soi-disant qu'à aider leurs maris dans leurs recherches.

Tous ces récits ont été très inspirants pour moi. Et, pendant mon année de terminale, quand mes camarades révisaient le bac, moi j'étais plongée dans la collection *Découvertes Gallimard* : des petits livres incroyablement illustrés. Et aussi dans les annales de l'école du Louvre, qui détaillent les sujets des concours précédents et permettent de s'entraîner. Mon but ? Réussir l'examen d'entrée qui porte bizarrement le nom de « test probatoire » ! L'École du Louvre, vénérable institution, propose des spécialisations en histoire de l'art et en archéologie, dont l'égyptologie, pour laquelle elle est très réputée. Elle forme les futurs conservateurs et conférenciers de musée, chercheurs et autres experts, et même celles et ceux qui vendent des œuvres d'art. Mais encore faut-il y entrer !

****

3 avril 2004. C'est le jour J !

Dans la salle des examens, nous sommes près de… 2 000 candidates et candidats. Mon cœur bat la chamade : est-ce que je ferai partie des heureux élus ?

L'examen commence, il dure trois heures. On nous demande par exemple de situer les Sept Merveilles du monde sur une carte, ou de remettre dans le bon ordre quelques grands événements historiques du XXe siècle.

Zut zut et zut, tout a bien marché jusque-là quand on me demande dans quel pays poussent les cèdres… et je ne m'en souviens plus ! Mais, illumination : je me rappelle subitement que, dans le jeu « Pharaon » auquel je joue souvent, je peux faire du commerce avec… le Liban.

Trois mois plus tard… je hurle de joie quand j'annonce à mes parents au téléphone :

– Je l'ai eu, je l'ai eu ! Je rentre à l'École du Louvre… Je vous avais bien dit que je ne lâcherais pas l'affaire ! Vous vous rappelez quand je cherchais des trésors dans le bac à sable de la cour de récré ? Et quand on regardait cinq fois de suite *Indiana Jones* et *Les Aventuriers de l'arche perdue*… Vous voyez que vous pouviez me faire confiance !

Ravie, ma mère acquiesce.

– C'est vrai, j'avoue que le jour où tu as réussi à convaincre ton père de t'offrir le *Dictionnaire égyptien* de Champollion, j'étais furieuse ! J'étais même persuadée que tu ne l'ouvrirais jamais !

Eh oui ce dictionnaire a été écrit par un des premiers maîtres de l'étude de l'Égypte ancienne, Jean-François Champollion. Ce Français a compris comment fonctionnait la langue égyptienne écrite, avec ses centaines de signes et ses milliers de combinaisons ! C'est comme s'il avait rendu la parole aux monuments, aux œuvres et aux momies qui dormaient en silence depuis des millénaires.

J'en ai passé, des heures, à rêver devant ces mots en hiéroglyphes et en copte (la langue des chrétiens d'Égypte, qui s'écrit avec les lettres de l'alphabet grec) ! 487 pages divisées en chapitres tels que « les corps célestes », « l'homme et les parties de son corps », « les animaux », etc. Une véritable merveille !

****

Septembre 2004. Je me tiens tout en haut du grand amphithéâtre de l'École du Louvre, qui se situe à l'entrée du Carrousel du musée. Mon cœur bat la chamade. J'ai à la fois le sentiment d'avoir accompli une grande partie du chemin et de découvrir toute la route qui me reste à parcourir.

Nous sommes à peu près 500 étudiants dans cette promotion. Dans cette ambiance de rentrée universitaire, c'est une joyeuse cacophonie… qui s'éteint quand le directeur de l'École entame son discours.

Chapitre 1

– Faire de l'histoire de l'art n'est pas chose facile ! Je suis sûr que, parmi vous, beaucoup veulent devenir égyptologue, mais soyez conscients que c'est extrêmement difficile… voire impossible de nos jours !

Pourtant, loin de me décourager, cette phrase sonne pour moi comme un défi à relever. Alors je vais me retrousser les manches pour explorer bibliothèques, rayonnages et salles du musée.

L'École du Louvre, c'est un monde à part. L'égyptologie est une des spécialités les plus demandées. Et pour cause, c'est l'une des seules écoles au monde à être situées dans un musée : les élèves y sont en contact direct avec les plus grands chefs-d'œuvre de l'humanité. Voir son reflet dans les yeux incrustés de cristal de roche du scribe accroupi, qui date de plus de 4 000 ans, c'est contempler un morceau d'éternité.

****

Me voici un matin au département des Antiquités orientales du musée du Louvre avec l'un de mes premiers professeurs, Évelyne Faivre-Martin, et un groupe d'élèves. Elle nous invite à observer les œuvres, nous apprend à analyser, déceler, déduire…

– Regardez ces tablettes d'argile. Elles ont été écrites vers 3000 avant J.-C. par les Sumériens : ces caractères cunéiformes, en forme de clou, sont un des premiers systèmes d'écriture !

– Est-ce un poème, ça ? dis-je en montrant une tablette d'argile gravée avec ces caractères.

suite page 16

LA NAISSANCE D'UNE DISCIPLINE EN 10 DATES CLEFS

L'étude de l'Égypte ancienne commence au tout début du XIXe siècle avec les campagnes du général Bonaparte… 200 ans plus tard, elle s'enrichit encore de nombreuses écouvertes.

1798-1801

Expédition d'Égypte par le général Bonaparte et l'armée française.

Juillet 1799

Découverte de la « pierre de Rosette » par le capitaine Bouchard au fort Jullien, dans le Delta.

1815-1817

L'aventurier italien Giovanni Battista Belzoni explore l'Égypte, découvre des tombes dans la Vallée des rois et rassemble une collection d'œuvres anciennes au nom du consul d'Angleterre Henry Salt.

Septembre 1822

Jean-François Champollion pose les bases du déchiffrement des hiéroglyphes, à Paris.

15 mai 1826

Création de la division des Antiquités égyptiennes au musée du Louvre à Paris.

1831

Le prestigieux Collège de France, à Paris, crée une chaire d'égyptologie.

1842-1845

Expédition en Égypte et au Soudan du Prussien Karl Richard Lepsius.

1858

Celui qui deviendra l'un des plus grands égyptologues, Auguste Mariette, crée le Service des Antiquités égyptiennes et le musée de Boulaq (futur musée égyptien) au Caire.

1895

Les Anglais William Matthew Flinders Petrie et James Edward Quibell effectuent des fouilles à Nagada, qui mènent à la découverte de la Préhistoire égyptienne (IVe millénaire avant notre ère).

15 novembre 1902

Inauguration du musée égyptien du Caire, place Tahrir.

1997

1954

LES PRINCIPALES DÉCOUVERTES

1799 : découverte d'un fragment de stèle qui porte des inscriptions en plusieurs langues anciennes, la pierre de Rosette.

1881 : découverte de la « Cachette royale » à Deir el-Bahari, sur la rive gauche de Louxor.

1891 : découverte de la « Cachette de Bab el-Gasus », tombe collective de prêtres d'Amon, à Deir el-Bahari.

4 novembre 1922 : découverte de la tombe de Toutânkhamon par Howard Carter dans la Vallée des rois.

1954 : découverte d'une des barques du roi Khéops, au pied de sa pyramide à Gizeh, par Kamal el-Mallakh.

22 janvier 1989 : découverte d'une cachette de statues dans l'une des cours du temple de Louxor, par Mohammed el-Saghir.

1997 : découverte de la Necropolis, le cimetière antique d'Alexandrie, par Jean-Yves Empereur.

2017 : découverte de la rampe dans la carrière d'albâtre d'Hatnoub, en Moyenne-Égypte.

1881

Mer
Méditerranée
Rosette
Alexandrie
Delta du Nil
Gizeh
Le Caire
Saqqarah
Memphis
1799
Akhénaton
(Armana)
1922
Vallée des rois
Deir
el-Bahari
Thèbes
(Louxor)
2017
Mer Rouge
891
1989

– Mais pas du tout, sourit notre professeure avec bienveillance ! Elle retrace un échange de moutons contre des sacs de grain…

Ah tiens, 4 000 ans avant notre ère, les Sumériens étaient déjà de sacrés comptables, alors ! Ma cervelle bouillonne. Je ressors de cette première séance bouleversée, avec cette impression d'avoir voyagé à travers le temps et l'espace.

* * * *

En spécialité égyptologie, je rencontre le petit groupe d'amis avec lequel nous allons nous serrer les coudes pendant des années. Nous travaillons ensemble, partageons des livres, visitons des expositions, partons en stage dans toute la France.

Nous ne le savons pas encore, mais cette alliance nous aidera à trouver un travail à la sortie de nos études. L'union fait la force et le succès !

Cela ne s'invente pas : nous avons cours dans la salle baptisée « Imhotep », un architecte emblématique de l'Égypte ancienne ! C'est là que nous voyons débarquer un professeur d'une quarantaine d'années, Dominique Farout.

– Il parait qu'il sait déchiffrer et parler la langue égyptienne ancienne depuis qu'il est adolescent, me souffle mon amie Isabelle.

Je suis impressionnée, mais je n'ai encore rien vu… Au tableau, notre professeur dessine le mot  en hiéroglyphes, qui signifie « bois », et nous explique comment il a évolué à travers une foule de langues anciennes et modernes, tout en écrivant au tableau les mots correspondants en akkadien, copte, ougaritique, phénicien, hébreu, araméen, arabe, allemand, anglais… Puis il se retourne vers nous avec un grand sourire et s'exclame :

– Vous voyez ! C'est simple !

Je regarde Isabelle avec effarement et lui souffle :

– Oh là là… On ne va jamais y arriver !

Bien sûr que nous allions y arriver, mais après des heures et des heures d'effort et de travail en bibliothèque ! Des efforts aussi… pour faire des économies et acheter des billets d'avion ! Car, grâce à nos deux professeurs de choc, nous avons pu partir en voyage en Égypte : au programme, Le Caire, Alexandrie,

Louxor, Assouan, c'est-à-dire les lieux où se trouvent les plus grands sites archéologiques égyptiens, à commencer par les dernières merveilles du monde encore visibles : les pyramides !

suite page 23

LES INVENTEURS DE L'ÉGYPTOLOGIE : DES TOUCHE-À-TOUT !

Grâce au déchiffrement des hiéroglyphes, en 1822, l'égyptologie connait un essor impressionnant : l'histoire et les monuments égyptiens devenaient enfin plus accessibles. Elle se développe grâce au talent de véritables touche-à-tout : explorateurs, fouilleurs, professeurs, linguistes, dessinateurs…

Une cachette avec 153 cercueils et momies

À partir du milieu du XIXe siècle, les Français multiplient les fouilles en Égypte comme Auguste Mariette à Saqqarah et Gaston Maspero à Louxor. Deux découvertes incroyables ont lieu sur la rive gauche de Thèbes : en 1881, celle d'une cachette qui renfermait les cercueils et momies de pharaons, et en 1891, ce sont 153 cercueils de prêtres d'Amon qui sont mis au jour.

Les Anglais et les Allemands font aussi de très belles découvertes…

Flinders Petrie fouille en 1894 à Abydos, la cité consacrée au dieu des morts Osiris ; et Ludwig Borchardt sort des sables le buste de Néfertiti, l'épouse du pharaon Akhénaton, à Tell el-Amarna en 1912. Mais le plus connu des Anglais est sans aucun doute Howard Carter qui, le 4 novembre 1922, trouve la tombe d'un pharaon alors quasi inconnu dans la Vallée des rois : Toutânkhamon. Son trésor composé de 5 398 objets est toujours étudié de nos jours !

… Puis c'est au tour des Égyptiens !

En 1954, c'est un archéologue égyptien, Kamal el-Mallakh, qui met au jour l'une des barques du roi Khéops, au pied de la grande pyramide à Giza. En 1989, lors d'un banal sondage, Mohammed el-Saghir trouve une cachette remplie de statues royales et divines en pierre.

Et ce n'est pas fini !…

Parmi les dernières grandes découvertes, on peut citer la nécropole (un vaste cimetière) d'Alexandrie par Jean-Yves Empereur en 1997 ou encore, vingt ans plus tard, le dégagement de la rampe de la carrière d'albâtre d'Hatnoub par Yannis Gourdon.

Mes premiers pas en égyptologie

Entre Saqqarah, Marseille et Versailles… que de découvertes fabuleuses !

– Wahou, elles sont encore plus grandes que je l'imaginais !

Novembre 2008. Isabelle et moi nous rendons en Égypte pour la troisième fois dans notre cursus d'égyptologie. Nous avons le grand privilège de visiter les sites les plus mythiques du nord du pays avec un de nos professeurs de l'École du Louvre. Nous nous extasions devant les célèbres pyramides de Gizeh. Il fait 30 °C, mais des frissons me parcourent le dos. Mon amie n'en revient pas, elle non plus.

– Dire qu'elles sont là depuis près de 4 500 ans ! Tu crois qu'il y a encore des trésors à dénicher dedans ?

– Houlà, non ! Malheureusement, elles ont été pillées peu de temps après leur construction. À l'époque, il n'y avait pas de caméra de surveillance… !

Ces trois pyramides ont été construites pour servir de tombes à des pharaons : Khéops, Khéphren et Mykérinos. Les archéologues pensent que leur corps y était entouré d'objets en or, en argent, d'offrandes de toutes sortes… Une autre tombe remarquable a été découverte, elle, dans la Vallée des rois : celle du pharaon Toutânkhamon. C'est l'archéologue britannique Howard Carter qui l'a mise au jour en 1922. La momie du célèbre roi, presque intacte, reposait dans un sarcophage en or. Son visage était couvert d'un masque du même métal précieux, orné de gemmes comme de la turquoise et du lapis-lazuli. Autour du défunt, d'incroyables trésors, et même cent-trente cannes, de véritables armes symboles d'autorité du roi. Heureusement, grâce à la modification de la loi du partage des fouilles, plutôt que d'être éparpillés dans le monde entier, tous les objets de Toutânkhamon sont restés en Égypte pour être présentés au musée égyptien du Caire. Ouf, c'est bien mieux ainsi !

****

Mais moi, c'est sur un personnage bien plus modeste que je suis tombée en extase, à Saqqarah, une célèbre nécropole égyptienne. Les milliers de visiteurs venus du monde entier, sous l'œil attentif de la police touristique, y admirent la première pyramide construite, celle du roi Djéser, qui date de 2700 av. J.-C. environ.

De nombreux gardiens parcourent la nécropole, « la ville des morts », avec leur trousseau de clefs. Ce cimetière recèle d'incroyables mastabas, des édifices funéraires en forme de trapèze. Mais peut-être aussi des trésors cachés ! D'ailleurs, dix ans après notre passage, des archéologues y ont découvert un atelier de momification : les défunts étaient plus ou moins bien traités… selon qu'ils avaient plus ou moins de budget ! Et la répartition des tombes dépendait du bon vouloir du roi. Justement, mon amie Isabelle et moi sommes ici pour visiter les tombes de l'Ancien Empire (2700-2200 av. J.-C.). Leur contenu ne manque pas de nous surprendre…

– Regarde, Isabelle, il est vraiment marrant, celui-là !

Je viens de découvrir, gravé en relief dans la pierre, un personnage en train de pêcher sur une barque : sans doute une scène de la vie quotidienne sur le Nil. Isabelle s'approche et éclate de rire en voyant le ventre proéminent de mon petit pêcheur.

suite page 28

PERCER LE MYSTÈRE DES HIÉROGLYPHES…

En Égypte, on peut voir partout des hiéroglyphes, mais aussi des représentations d'animaux, de personnages, de paysages.

Des dessins partout

Images et hiéroglyphes étaient dessinés sur les murs des temples et des monuments, pour raconter des récits historiques ou mythologiques. Les Égyptiens décoraient également les tombes de peintures et d'inscriptions pour protéger les morts et faire vivre leur souvenir éternellement. Objets funéraires, stèles, sarcophages, céramiques étaient aussi souvent ornés de hiéroglyphes. Enfin, on en trouvait sur les papyrus, sortes de « papiers » de l'époque fabriqués avec des fibres végétales, utilisés pour les textes littéraires et religieux.

Je tiens l'affaire !

On raconte que, le matin du 14 septembre 1822, le génial égyptologue Jean-François Champollion aurait déboulé dans le bureau de son frère Jacques-Joseph en s'écriant « Je tiens l'affaire ! », tout en brandissant une brassée de feuilles noircies à la plume. Sur celles-ci, rien de moins que la clef pour comprendre les hiéroglyphes, que personne ne savait lire depuis 1 300 ans ! Ce grand savant, pour y parvenir, a utilisé son immense connaissance des langues : il n'en parlait pas moins de douze à l'âge de 17 ans.

Une légende est née

Après des années de travail acharné, quand Champollion comprit enfin comment déchiffrer ces mystérieux signes, il se serait évanoui sous le coup de l'émotion.
En réalité, cette histoire a été fabriquée par le neveu de Jean-François, Aimé-Louis Champollion, des années après la mort de son oncle.
La légende était née !

Les trois écritures de la pierre de Rosette

Les Égyptiens utilisaient plusieurs types d'écriture, qui correspondaient à différents usages. Ainsi, sur la pierre de Rosette (dessinée ci-dessous) que Champollion a étudiée, le texte est écrit d'une part en hiéroglyphes, pour les prêtres dans les temples, d'autre part en démotique (des hiéroglyphes très simplifiés) pour la population sachant lire et écrire, et enfin en grec, pour l'administration.

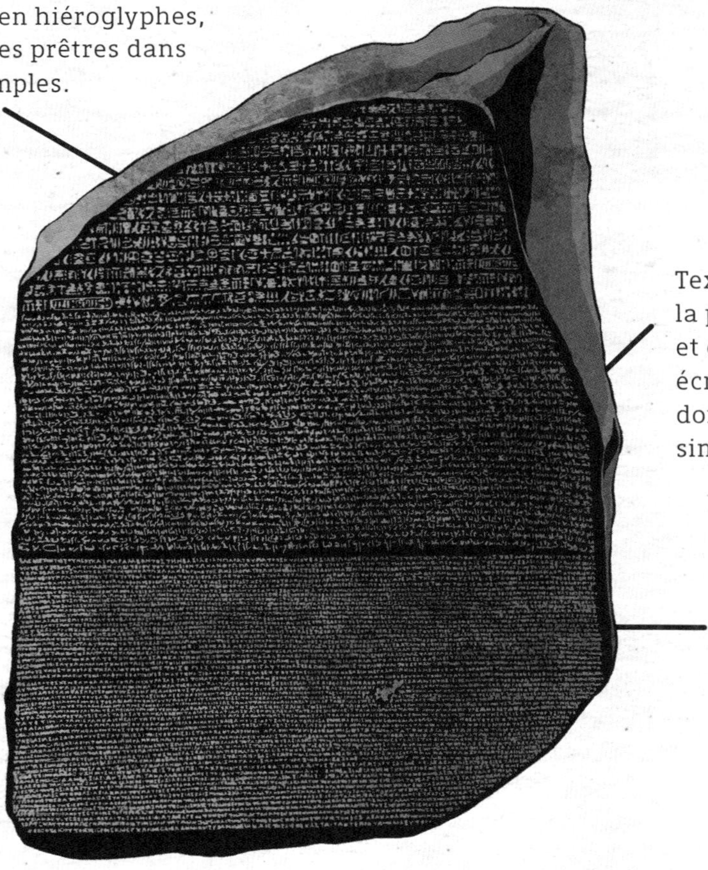

– Vraiment, dit-elle, les artistes de l'Antiquité ne manquaient pas d'humour !

Sa remarque m'intrigue.

– Tu crois vraiment que c'est de l'humour ? Si ça se trouve, ils sculptaient simplement ce qu'ils observaient, sans aucun préjugé...

Quel était le sens caché de ce drôle de personnage ? Ce questionnement ne m'a jamais quittée. D'ailleurs, dix ans plus tard, en 2018, je soutiendrai une thèse de doctorat à ce sujet. Aveugles, boiteux, chauves, malades, bossus, nains... toutes ces figures hors du commun qu'on trouve sur les tombes égyptiennes m'ont inspirée. À travers mon travail de recherche, qui a duré six années, je leur ai rendu hommage.

Pendant mes études, j'ai toujours essayé de dénicher des stages pour mieux comprendre le travail sur le terrain… mais sans forcément traverser la Méditerranée ! Même si ces stages n'étaient pas liés à ma première passion, ils m'ont permis d'explorer des métiers très différents : quand on devient historienne de l'art, on peut être amenée à prendre soin d'une collection d'objets pour une galerie, à repérer des tableaux d'artistes contemporains, ou encore à se spécialiser dans une période de l'histoire ou une région du monde…

C'est ainsi qu'en 2008, je me suis retrouvée à travailler dans le petit musée municipal d'Art et Traditions populaires de Cassis, la ville de mon enfance ! Une vraie chance, puisque j'ai été accueillie par son conservateur, Robert Ode, qui m'a prise sous son aile et m'a fait découvrir toute l'étendue de son activité.

– Aujourd'hui, nous allons exposer l'œuvre d'un maitre provençal du XIXe siècle. Attention, c'est une toile précieuse, pas un poster !

– J'enfile des gants ?

– Oui, bien sûr. Et surtout, tu prends ton temps. Pas question de laisser la moindre trace de doigts sur le cadre. Tiens, vérifie s'il y a des horloges de la mort !

– Pardon ?

– C'est comme ça qu'on appelle les vers qui creusent des petits trous dans les cadres en bois. Des vrais amateurs d'œuvres d'art, dont on se passerait bien !

– J'accroche le tableau à la cimaise* ?

**Système qui permet de suspendre des cadres ou des tableaux.*

– Oui, pas question d'utiliser des clous ! Et quand on aura fini, il faudra t'assurer que toutes les caractéristiques de l'œuvre soient bien enregistrées dans le catalogue... C'est ça, le travail de conservateur de musée ! Précis et méticuleux, en deux mots.

Je suis avide d'informations et lui pose des tas de questions : comment organise-t-on une exposition ? Comment les œuvres circulent-elles d'un pays à l'autre ? Qui écrit les légendes et les textes ? Comment conserve-t-on dans les meilleures conditions une sculpture en plâtre ou une robe provençale du XIXe siècle... ? Robert Ode répond toujours avec patience. Grâce à lui, l'année suivante, je décroche un stage au musée de la Vieille Charité de Marseille.

La Vieille Charité, c'est un lieu aussi beau que chargé d'histoire, en plein cœur de la cité phocéenne. Parmi les trésors qu'il recèle, une superbe collection d'œuvres antiques, du Proche-Orient à

l'Égypte, de la Grèce à l'Antiquité romaine locale. Mais c'est à mes contemporains que je vais avoir affaire puisque je dois organiser ma première visite guidée… en n'ayant que trois heures pour la préparer ! Mon groupe de touristes arrive : j'implore le dieu Thot, le patron des idées et de la ruse, de m'inspirer. Effectivement, les visiteurs ouvrent de grands yeux quand ma responsable, Muriel Garsson, me présente comme leur conférencière.

– Mais… vous êtes toute jeune ! s'exclame un monsieur en réajustant ses lunettes, à qui je réponds avec un grand sourire et un certain culot :

– Jeunesse ne veut pas dire inexpérience !

Le thème de la visite ? La magie dans l'Égypte ancienne. Heureusement, la superbe collection me laisse un vaste choix de sujets à évoquer. D'ailleurs, nous arrivons bientôt devant une petite statuette d'un bleu vif qu'on appelle en ancien égyptien un chaouabti, un « bout de bois ».

– Regardez cette œuvre : c'est l'un des 417 serviteurs funéraires qui accompagnaient le défunt.

– Quelle équipe ! dit une dame.

– Oui, faisons le calcul : 365 (un pour chaque jour), plus 36 (ce sont les semaines de dix jours des Égyptiens), plus 12 pour les mois, plus 3 pour les saisons et enfin un pour une année... On arrive à 417 !

– Incroyable ! Ils avaient déjà 365 jours dans leur calendrier eux aussi ! s'exclame une autre dame.

– Exactement !

Puis l'un des visiteurs pointe du doigt un détail dans la vitrine.

– Le serviteur funéraire a des outils ?

– Bien vu ! Ce sont généralement des houes, des outils pour travailler la terre. Et il porte un sac en bandoulière qui contient des semences.

Là, il me vient une idée (merci Thot !) : évoquer un conte égyptien rapporté par un auteur antique du nom de Lucien de Samosate ! Quoi de mieux pour terminer la visite ? Allez, je me lance :

– Un apprenti magicien, qui avait espionné son maitre, lança un sort sur un bout de bois pour le transformer en vrai serviteur. Et cela fonctionna ! Le serviteur se mit à faire tout le travail de l'apprenti, mais ce dernier avait oublié une chose : il n'avait pas la formule pour le stopper. Alors il prit une hache et frappa le bout de bois...

– Le pauvre ! s'exclame un autre auditeur. Coupé en deux !

– Mais au lieu de l'arrêter, cela fit deux serviteurs ! Et plus l'apprenti s'acharnait avec sa hache, plus des serviteurs apparaissaient, s'agitant dans tous les sens ! C'est seulement quand le magicien rentra dans la maison qu'il constata le désastre et lança un sortilège pour stopper ces bouts de bois. Puis il tira l'oreille de son apprenti.

– Attendez une minute ! me lance un visiteur. Ça me rappelle le conte de mon enfance, avec l'apprenti sorcier qui avait donné vie à un balai.

– Incroyable, n'est-ce pas ? Les contes et légendes se retrouvent souvent d'une civilisation à l'autre, même si chacun les raconte à sa façon.

Bref, en 90 minutes, tout le monde est conquis et je suis sur un petit nuage : quel bonheur d'expliquer et de susciter de l'intérêt pour l'Égypte ancienne !

suite page 36

LE SYSTÈME D'ÉCRITURE DES ANCIENS ÉGYPTIENS

Chez les anciens Égyptiens, l'écriture et les images ne font qu'un ! Tout est un signe, tout peut se lire, que cela soit sur un papyrus, une statue ou un monument.

De face ou de profil ?

Pour représenter tous les aspects d'une chose ou d'une personne, les Égyptiens de l'Antiquité n'employaient pas la perspective, comme nous, mais l'aspective : ils utilisaient à la fois des vues de face et des vues de profil.

Résultat ? Le corps humain représenté par les Égyptiens est un curieux mélange : la tête, de profil mais l'œil de face, le torse de face, mais la poitrine de profil, les jambes de profil pour bien voir qu'il y en a deux...

Les paroles du dieu

« Hiéroglyphe » est un terme issu du grec ancien qui signifie « (écriture) gravée sacrée ». En effet, l'écriture hiéroglyphique était utilisée par les prêtres dans les temples. En ancien égyptien, on disait  medou netcher : « les paroles du dieu ».

Inspirés par la nature

Pour concevoir cette écriture, les habitants des rives du Nil se sont inspirés de leur environnement : on trouve parmi les hiéroglyphes aussi bien des animaux que des ustensiles, des végétaux, des personnages... voire des choses que nous avons toujours du mal à identifier ! Un signe peut correspondre à un son (a, m, p, t, ou), deux sons (ma, oua, per) voire trois sons (nefer) ou simplement représenter ce que signifie le mot en dessinant le sujet avec un petit trait à côté (pour « chat » qui se disait « miou » !).

L'alphabet des principaux hiéroglyphes

Grâce à Jean-François Champollion, les signes égyptiens commencèrent à retrouver leur identité sonore à l'aide du copte, la langue des chrétiens d'Égypte. Mais il en reste encore de mystérieux...

Quelques sons (bilitères)

« ir »   « ba »   « sa »   « ka »   « ti »   « ab »

Quelques sons (trilitères)

« iam »   « nefer »   « nebou »   « seba »   « gereg »   « sema »

Pendant mes études, j'effectue aussi plusieurs stages au Centre de recherche et de restauration des musées de France (le C2RMF). C'est l'occasion de tester à peu près toutes les facettes de la recherche en égyptologie. Je passe beaucoup de temps sur des ordinateurs pour classer des dossiers et remplir des bases de données ! Mais ce que je trouve vraiment passionnant, c'est la restauration d'œuvres d'art. Comment traiter un bronze qui est resté sous l'eau pendant des siècles ? Comment retirer le vernis jauni et craquelé sur un panneau de bois peint du Moyen Âge ? Pour moi, ces expériences sont l'occasion de mieux comprendre à quel point la science est une alliée de l'histoire.

Ainsi, un après-midi, dans la Petite Écurie du roi à Versailles, une restauratrice nous montre son travail sur un tableau néerlandais du début de la Renaissance. Les salles dédiées à la restauration sont spacieuses, avec un haut plafond.

– Voici les outils nécessaires pour toute restauration : pinceaux, boite de cotons, microscope… Mais surtout, n'oubliez pas de mettre en route le système d'aspiration au-dessus de la paillasse* pour éviter de respirer des vapeurs de produits toxiques…

Il en faut, des ustensiles et de la patience, pour restaurer une œuvre et lui redonner son aspect d'antan ! Le problème, quand on met à nu les différentes couches de peinture, de vernis… ou de saleté qui se superposent, c'est de choisir ce qui doit être conservé et ce qui doit être retiré.

**Une table équipée pour faire des expériences scientifiques.*

La restauratrice, un masque sur le bas du visage, nous montre comment, à l'aide d'un solvant, elle retire une couche de peinture plus récente.

– Regardez ce qui apparait : un joli décor sur le vêtement de l'Enfant Jésus ! Et oui, certains tableaux cachent bien des secrets !

Mais, si pour restaurer les tableaux ou découvrir ce qu'ils cachent, on doit patiemment gratter la peinture, pour d'autres objets anciens, la technique est bien différente : on les passe aux rayons X ! C'est comme ça qu'on peut parfois se retrouver à accompagner des brancardiers dans un couloir d'hôpital : devant eux, allongé sur la civière, le patient est en fait une momie ! Direction la radiographie !

Moi, je trouve ça très drôle. L'objectif ? Voir l'intérieur du corps de la momie sans toucher aux bandelettes. Comme il n'y a pas ou peu d'humidité en Égypte, les matières organiques comme le bois ou la peau se conservent très bien. Et le sable aussi est un très bon protecteur !

Sur les radios, le résultat est très net : les ossements ressortent sous forme de taches claires sur fond noir. Et même si l'aspect extérieur de la momie semble indiquer que le corps est bien conservé, à l'intérieur, ça peut être un sacré désordre ! Soit le corps était déjà très abimé au moment de l'embaumement, soit les embaumeurs n'ont vraiment pas été soigneux !

Mais notre momie à nous, que dit-elle ? Hélas, elle avait une allure parfaite, mais la radio a révélé que tous les os avaient été mélangés !

Quand un pêcheur me montre le chemin...

L'énigme du petit bossu me poursuit... et m'inspire.

Je voudrais revenir sur ce petit personnage de pêcheur sculpté, évoqué dans le chapitre précédent, car c'est bien lui qui m'a indiqué le chemin que j'allais suivre en égyptologie.

J'étais donc à Saqqarah, dans l'impressionnante tombe d'Akhethotep et de Ptahhotep, deux dignitaires de la cinquième dynastie, quand je l'ai « rencontré ». La chapelle qui s'y trouve est ornée de bas-reliefs (sculptures) de toute beauté qui illustrent et racontent la vie quotidienne à l'époque des grandes pyramides : paysans qui labourent les champs, bergers qui gardent les troupeaux, artisans au travail, cuisiniers, scènes familiales...

Chapitre 3

Depuis que j'ai repéré ce petit pêcheur, quelque chose me chiffonne… Quelques jours après notre visite à Saqqarah, je finis par interpeller mon professeur de hiéroglyphes.

– Monsieur Farout, vous vous rappelez du pêcheur au ventre rond que je vous ai montré sur un relief, à Saqqarah ?

– Ce drôle de bonhomme sur sa barque en papyrus ? Bien sûr ! Avec le poisson qu'il a attrapé au bout de sa ligne, on s'y croirait !

– Oui, mais ce qui me trouble, c'est qu'à ma connaissance, les images égyptiennes présentent toujours des gens aux physiques parfaits…

Dominique Farout confirme :

– Dans l'esprit des Égyptiens de l'Antiquité, tout ce qui est écrit ou dessiné devient vrai. Se représenter en pleine forme, beau et vigoureux, est banal. On trouve ça dans tous les monuments…

J'insiste :

– … alors ici, l'artiste a-t-il commis une erreur en le sculptant avec un corps un peu difforme ? Ou est-ce une sorte de clin d'œil pour les visiteurs ? Un peu comme une blague ?

À cet instant, me revient en mémoire que, dans une autre tombe, j'ai repéré plein de détails étonnants : un personnage avec une jambe tordue, un serviteur nain tenant un singe en laisse, un petit bonhomme bossu… Bref, des gens aux corps différents ! Enthousiaste, je demande à mon professeur si un égyptologue a déjà travaillé sur ce thème et si cela serait intéressant à étudier. Sa réponse est catégorique :

– Non, car c'est un sujet périlleux. Il n'y a quasiment rien à dire ! Vous verrez, en 30 pages, vous aurez terminé !

Pourtant, une fois rentrée en France, l'idée ne me quitte pas. Il y a forcément des raisons à ces représentations étonnantes, des pistes à explorer et peut-être... de nouvelles découvertes à faire.

Allez, c'est décidé ! Je vais suivre la voie du petit pêcheur, et m'intéresser aux personnages hors du commun pour en faire mon sujet de mémoire, puis de thèse.

****

Il me faudra des années de travail avant de pouvoir passer devant un jury pour présenter et défendre ma thèse. Mais, avant tout, je dois trouver un directeur ou une directrice qui accepterait d'encadrer mes recherches... Ô joie : une conservatrice au musée du Louvre, Hélène Guichard, et Bernard Mathieu, un professeur de l'université Paul-Valéry à Montpellier, acceptent de me prendre sous leur aile. La grande aventure de la thèse peut commencer !

À partir de 2013, je me lance alors dans des recherches frénétiques et travaille le plus possible en bibliothèque, notamment celle du musée du Louvre. J'ouvre des centaines de livres et de catalogues, récupère des informations çà et là pour remonter le fil d'une découverte ou pour dénicher dans quelle collection se trouve telle statuette ou tel fragment de stèle. C'est parfois une aventure pour contacter la bonne personne aux États-Unis, pour obtenir une photo d'un objet enfoui dans les réserves d'un musée…

Progressivement, les murs de mon studio se recouvrent de feuilles et de notes, comme si je traquais un criminel au FBI !

Dès que je peux, je visite les musées en France, en Angleterre, en Allemagne. Je retourne aussi en Égypte pour trouver des informations inédites.

Et ce n'est pas tout, puisque, tout en avançant ma thèse, je donne des cours à l'École du Louvre et dans des associations d'égyptologie partout en France. Voilà un bon moyen pour tisser son réseau professionnel et s'entrainer à devenir un bon professeur.

D'ailleurs, à cette période, je suis déjà en mesure de donner de vrais conseils à une future étudiante en thèse...

– Bien sûr, je travaille sur un sujet passionnant, mais ça fait quand même des années que ça dure ! Si tu veux faire une thèse, il va falloir t'armer de patience. Et, surtout, ne pas te décourager, même quand tu auras l'impression de ne plus avancer dans tes travaux.

– Mais il y a aussi des moments palpitants, non ?

– Bien sûr ! Parfois, on a de vraies révélations !

Je lui raconte qu'une nuit, alors que je regardais le mur de mon appartement couvert de fiches et de dessins classés chronologiquement, je me suis rendu compte que j'avais mal positionné un des Post-it® dans cette succession d'images du bossu. D'un coup, en le déplaçant, j'ai compris toute l'évolution du motif du bossu à travers l'histoire, depuis son apparition jusqu'au début du Nouvel Empire (vers 1550 av. J.-C.). Quel bonheur d'avoir réussi à assembler une petite pièce de ce « puzzle » géant couvrant plus de 2 000 ans !

suite page 49

DE GRANDS ROIS ET REINES D'ÉGYPTE

On estime que plus de deux-cent-cinquante pharaons (et quelques pharaonnes !) ont régné sur l'Égypte ancienne. Certains sont plus connus que d'autres, parce qu'ils nous ont laissé leurs incroyables statues !

Djéser (vers 2700 av. J.-C.)

Il est le premier roi de la IIIe dynastie, qui inaugure la période des pyramides appelée « Ancien Empire ». C'est son architecte, Imhotep, qui a l'idée de bâtir une pyramide toujours debout aujourd'hui ! Une grande statue de lui a été retrouvée à Saqqarah. Petit détail : il a une fine moustache sur le bord de sa lèvre supérieure !

Khéops (vers 2550 av. J.-C.)

Second roi de la IVe dynastie, Khéops bâtit la plus grande des pyramides de Giza. Avec ses 146 m de hauteur, elle est restée pendant des milliers d'années le bâtiment le plus haut du monde ! Il aurait fallu pas moins de vingt-mille hommes pour la construire – pas des esclaves mais des gens payés par l'État. À quoi ressemblait ce roi légendaire ? Impossible à savoir : le seul vestige connu de Khéops est une petite statuette de 7,5 cm de hauteur !

Sésostris III (vers 1850 av. J.-C.)

C'est le plus grand roi du Moyen Empire (2050-1710 av. J.-C.). Il se fit représenter avec les traits tirés, des poches sous les yeux et une bouche tombante… Un portrait fatigué qui pourrait signifier que le roi « veille » sur son peuple durant la nuit. De même, ses grandes oreilles s'expliquent par sa capacité à écouter… En tout cas, pour les rois qui lui succéderont, Sésostris III fut un modèle à suivre.

Hatchepsout (1479-1450 av. J.-C.)

Elle est la seconde femme à monter sur le trône d'Égypte. Son temple funéraire, situé sur la rive gauche de Thèbes, est un chef-d'œuvre architectural. Sur les murs, des reliefs racontent la naissance d'Hatchepsout grâce au dieu Amon. Une femme exceptionnelle… qui est parfois représentée en homme !

Tiy (1398-1338 av. J.-C.)

Cette puissante reine de la XVIIIe dynastie a joué un rôle majeur à la cour, auprès de son mari Amenhotep III, puis de son fils Akénaton. De nombreuses lettres écrites sur des tablettes d'argile lui ont été adressées, portant les demandes de rois et de dignitaires étrangers : c'est cette maîtresse femme qui tenait les rênes de la diplomatie égyptienne ! Autant dire que lorsqu'elle est décédée, Akhénaton a perdu à la fois sa mère, et sa meilleure conseillère...

Amenhotep IV / Akhénaton (1350-1333 av. J.-C.)

Voici le plus mystérieux des pharaons : Amenhotep IV, qui changea son nom pour devenir Akhénaton. Il choisit Aton – le dieu soleil qui donne la vie – comme dieu principal : une véritable révolution religieuse ! Sur ses statues colossales, les traits de son visage sont exagérés. Un « truc » utilisé par les sculpteurs pour que les spectateurs puissent mieux le voir d'en bas.

Néfertiti, épouse d'Amenhotep IV

Avec son royal époux, elle eut six filles et probablement aussi le célèbre Toutânkhamon. Néfertiti « La Belle est venue » est l'une des reines les plus connues. Sa tombe n'a encore jamais été retrouvée ! Les archéologues continuent de fouiller : sur le site d'Akhetaton, mais aussi dans la Vallée de l'ouest, à côté de la Vallée des rois.

Toutânkhamon (1333-1323 av. J.-C.)

En 1922, l'égyptologue anglais Howard Carter et son équipe mettent au jour une tombe quasi intacte dans la Vallée des rois : celle du jeune pharaon Toutânkhamon. Il fut un grand roi, rétablissant le culte d'Amon et restaurant les temples comme ceux de Karnak et de Louxor, mais il mourut vers 20 ans à cause d'une fracture à la jambe mal soignée. Il fallut des années pour fouiller la sépulture pas à pas et atteindre des objets fabuleux, pas moins de 5 398 au total !

Ramsès II (1279-1213 av. J.-C.)

Issu d'une famille de militaires, le jeune Ramsès n'est pas né prince. Et pourtant ! Ramsès II fut le plus grand de tous les pharaons, à qui l'on doit les constructions et les statues les plus impressionnantes, les batailles les plus épiques et la plus grande famille : cent-dix enfants environ !

En 1906, à Tell Basta, dans le nord du pays, un trésor fut découvert dont deux lourds bracelets en or et en lapis-lazuli. On suppose qu'ils appartenaient à Ramsès II : quand sa momie fut exposée en France en 1976-1977, ces bracelets furent brièvement placés autour de ses poignets – le temps de prendre une photo !

Taharqa (690-664 av. J.-C.)

C'est sans doute le plus célèbre des pharaons noirs, et le dernier à régner sur l'Égypte. Après une période prolongée de basses eaux qui risquait d'affamer le pays, il aurait, par ses prières, obtenu du dieu Hémen que le Nil entre en crue. Pour le remercier de ce prodige, Taharqa a réutilisé une statue du dieu faucon : il l'a couverte d'or et s'y est fait représenter en train de lui faire des offrandes. Taharqa a marqué l'Égypte par ses nombreuses constructions, mais aussi par ses guerres contre les Assyriens, qu'il a fini par perdre...

Cléopâtre VII (vers 69-30 av. J.-C.)

La dernière souveraine d'Égypte était une habile politicienne : elle écarta son frère Ptolémée XIII pour prendre le trône et s'allia avec César, puis Marc-Antoine, de grands militaires romains. Elle fut vaincue par Octave, le futur empereur Auguste, en 31 av. J.-C. et fut contrainte au suicide en se faisant mordre par un serpent. On ignore l'endroit précis où elle fut enterrée, mais il se pourrait qu'aujourd'hui, l'emplacement soit sous les eaux...

Un bureau prestigieux : les temples de Karnak

Ou comment je me contorsionne pour faire les relevés demandés.

Janvier 2010.

Voilà presque trois mois que je me prépare pour mon voyage d'études. Enfin, la date de mon départ approche ! Tout en finissant de boucler mes valises, je discute avec mon ami Jérémy, passé me dire au revoir...

– Tu es sûre que tu n'as rien oublié ? Tiens, attrape ton parapluie. Pour la Bretagne, c'est plus prudent.

– La Bretagne ? Ah ! Ah ! Pas du tout, ce n'est pas à Carnac en Bretagne que je vais. C'est à Karnak en Égypte, et ça s'écrit avec deux K !

– Ah oui, et tu comptes étudier quoi, à Karnak avec deux K ?

– Sûrement pas des menhirs gaulois ! Plutôt des temples, des sanctuaires, des chapelles égyptiennes…

Karnak, c'est un des principaux sites de l'antique cité de Louxor (un nom qui signifie « châteaux » en arabe). Située sur les bords du Nil, cette ville abrite une foule de monuments et de sites archéologiques. Sur la rive droite du fleuve, la rive dite « des vivants », sont érigés les grands temples et sanctuaires divins. Sur la rive gauche, dominée par la montagne thébaine (Thèbes est le nom de Louxor en grec), se trouvent les temples funéraires et les cimetières comme la Vallée des rois, celle des reines ou des Nobles – d'où son surnom de « rive des morts ».

* * * *

Je suis déjà allée à Karnak deux fois quand j'étais étudiante, mais là, c'est très différent. Pas question d'y rester quelques heures seulement, comme les millions de touristes de passage ici chaque année.

Non, cette fois-ci, je vais y passer des semaines voire des mois pour participer à la grande histoire de l'égyptologie.

À Karnak, les Égyptiens de l'Antiquité ont érigé des dizaines de bâtiments, à plusieurs époques. Certaines constructions en ont remplacé d'autres, ou se sont imbriquées les unes dans les autres. Un véritable puzzle aux dimensions titanesques, qui mobilise les efforts des égyptologues depuis le XIXe siècle ! Moi, je compte bien participer activement à sa résolution…

Un bureau prestigieux : les temples de Karnak

Dormir juste à côté de Karnak me donne presque le vertige, et j'ai du mal à trouver le sommeil. Enfin, le jour se lève ! À l'instant où le dieu Rê m'envoie son premier rayon de soleil par la fenêtre de la chambre, je saute de mon lit pour me préparer : j'ai rendez-vous au Centre franco-égyptien.

Christophe Thiers, le nouveau directeur du centre de recherche, m'accueille avec un grand sourire.

– Ah, bonjour Bénédicte ! Alors, vous avez fait bon voyage ?

– Oui, merci, j'avoue que je n'ai pas très bien dormi, j'étais trop impatiente de commencer...

– Ah, c'est l'effet Karnak, sourit Christophe. Et je suis sûr que plus vous resterez ici, plus vous serez ensorcelée ! Est-ce qu'on peut se tutoyer ? Oui ? Alors viens vite voir ton nouveau bureau.

suite page 54

LE PLUS GRAND TEMPLE D'ÉGYPTE

Un temple somptueux pour un dieu caché

Le temple de Karnak (Ipet Sout en ancien égyptien, le « clos des places ») est dévolu au dieu Amon-Rê, une divinité devenue très célèbre à partir du Nouvel Empire (1550-1069 av. J.-C.). Son nom signifie « Le caché » et on le reconnait grâce à sa couronne faite de deux hautes plumes. Son temple fut un chantier sans cesse recommencé, pour lui ajouter une chapelle, des colonnes, une nouvelle cour...

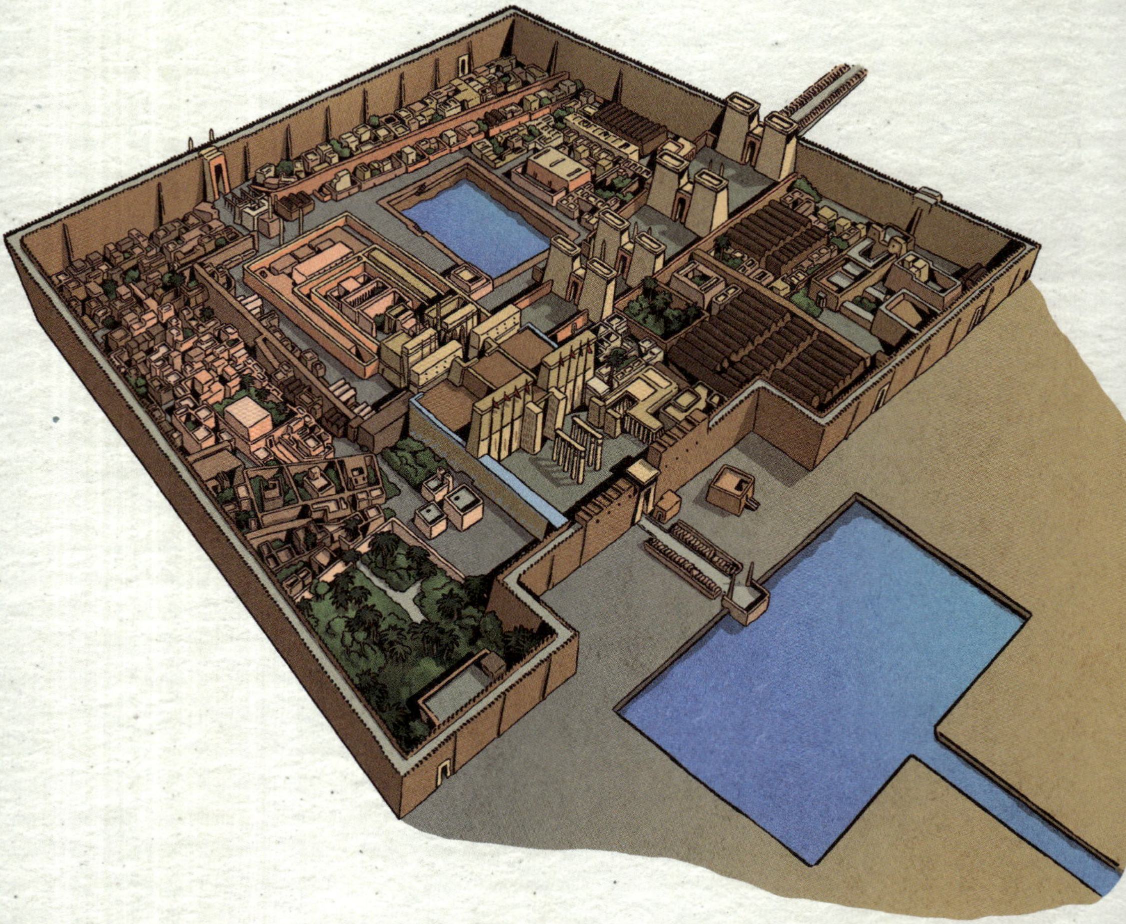

Une succession de couches

Pour éviter de détruire un monument, les anciens Égyptiens le démontaient et l'enfouissaient dans le sol ou à l'intérieur des murs. Même chose pour des statues jugées trop anciennes... Plus on avance vers le cœur du temple, plus les constructions sont anciennes. Le sanctuaire de Karnak possède donc plusieurs couches, comme un oignon !

Des prêtres bien rasés

Les prêtres vivaient dans une zone réservée non loin du lac sacré. Seuls les plus hauts placés dans la hiérarchie avaient le droit de franchir les portes des zones centrales du temple. L'hygiène était stricte : s'ils se rasaient mal, par exemple, ils pouvaient être punis ou devoir payer une amende !

Que de fêtes !

L'année égyptienne était ponctuée de nombreuses fêtes. Lors de la fête d'Opet et la Belle fête de la Vallée, la statue d'Amon-Rê était placée dans sa barque sacrée et une longue procession se formait pour sortir du temple. Pour la fête d'Opet, Amon partait au temple de Louxor en suivant l'allée des sphinx : un symbole de régénération du pouvoir royal. Lors de la Belle fête de la Vallée, la statue d'Amon-Rê regagnait la rive gauche du Nil et passait dans les temples funéraires des pharaons précédents.

Interdit au peuple !

Seuls le roi et les prêtres étaient autorisés à entrer à Karnak : dans l'Égypte antique, le peuple ne pénètre pas dans la maison du dieu, il prie chez lui. Le personnage le plus important du temple, c'est le grand-prêtre : il joue quotidiennement le rôle du pharaon en célébrant le culte pour la statue de la divinité, dans la chapelle située au cœur du temple, le naos.

Chapitre 4

Je suis Christophe dans les couloirs. Il toque à plusieurs portes pour me présenter aux membres de son équipe.

– Voici Bénédicte, notre nouvelle stagiaire dessinatrice arrivée hier soir ! Elle nous vient tout droit de l'École du Louvre. Vous ferez connaissance tout à l'heure au déjeuner !

Nous pénétrons dans une grande salle aux étagères couvertes de dossiers et de matériel : boîtes pour les théodolites*, outils de fouilles et anciens plans des précédents chantiers du Centre... Sur un bureau, un ordinateur flambant neuf est relié à une palette graphique qui sert à tracer des schémas, des dessins, des inscriptions à l'aide d'un stylet, ou tout simplement des doigts. Un outil informatique qui me sera bientôt très utile...

– Quel équipement ! C'est un vrai labo d'égyptologie du futur ! Qui travaille ici ?

– Toute l'équipe des stagiaires dont toi maintenant ! Bienvenue dans ton bureau !

Je n'en reviens pas ! Ça, un bureau ? Un rêve, plutôt !

– *Marhaba*, dit une voix derrière moi.

– Bénédicte, dit Christophe, je te présente Mamdouh. C'est un excellent dessinateur, et je suis sûr que vous allez vous entendre à merveille. Au fait, il est égyptien et il ne parle pas un mot de français !

Dans mes bagages, j'ai un petit carnet où je compte griffonner le plus possible de mots égyptiens. Et j'ai lu les premières

* *Instrument de mesure d'angle utilisé sur les chantiers.*

pages d'un petit guide de conversation dans l'avion. Quand on voyage dans un pays étranger, il est indispensable d'apprendre le vocabulaire de base, et encore plus quand on s'apprête à y travailler plusieurs mois. *Marhaba*, ça doit vouloir dire… « Bienvenue ».

– Euh… *Sabah el kheir*, Mamdouh !

Voilà, j'ai prononcé mon premier « bonjour » en langue égyptienne moderne !

Au Centre franco-égyptien, je fais connaissance avec l'équipe égyptienne et avec les ouvriers du chantier que nous retrouverons tous les jours directement sur le terrain. L'équipe française est composée du directeur Christophe, de Sébastien qui s'occupe de la bibliothèque, de Pierre l'architecte et de Jean-François le photographe, ainsi que des gestionnaires Amélie et Véronique. Et puis nous sommes une ribambelle de stagiaires, géologues, architectes, topographes, restauratrices... Une joyeuse troupe avec laquelle je ne vais pas tarder à sympathiser. Quel est mon rôle, dans tout ça ? J'ai été recrutée comme stagiaire en dessin et en épigraphie : l'étude scientifique des dessins et inscriptions gravées.

****

Et maintenant, en route pour une première visite du chantier de fouilles !

– Regarde, m'explique Christophe en franchissant le mur d'enceinte de briques crues, c'est loin d'être un seul temple.

– C'est même un des plus grands complexes religieux du monde antique, ajoute Pierre, l'architecte.

Je n'en crois pas mes yeux. Enfin, je suis sur place et au contact des monuments !

– Waouh, quel... bazar !

Laurianne, la stagiaire architecte, confirme :

– Au fil du temps, l'aspect de cet enclos sacré s'est modifié. Chaque souverain a voulu ajouter sa pierre à l'édifice !

– Et à chaque époque, sur 2000 ans, ils ont construit les nouveaux bâtiments en fonction de la place disponible, ajoute Ornella.

Je suis prise de vertige. Imaginez donc : partout des chapelles, des cours, des pylônes, des colonnes ou des obélisques qui pointent vers le ciel… La salle hypostyle* – avec ses 134 colonnes dont les plus élevées se dressent à 20 mètres de hauteur – fait la même taille que Notre-Dame de Paris !

Je ne sais plus où tourner le regard, j'aimerais m'arrêter sur chaque détail, mais la petite équipe continue à marcher vers le nord de l'enceinte.

– Ne t'inquiète pas, me rassure Nina, une autre stagiaire archéologue. Tu vas passer tellement d'heures ici que tu finiras par connaitre chaque pierre par cœur !

Bientôt, Christophe ouvre des barrières. Nous le suivons dans un temple tout en longueur, qui parait assez petit en comparaison des autres bâtiments. Une allée bordée de portes en pierre conduit à l'édifice principal, fermé par de hauts murs. Une petite cour débouche sur un portique où des niches furent creusées dans le mur du fond. Au milieu, une porte s'ouvre sur la partie la plus sacrée. Trois salles de culte s'y trouvent : à gauche pour Ptah, au milieu pour Amon et enfin à droite pour la déesse Hathor. Christophe me montre plusieurs parois du temple qui sont couvertes d'inscriptions :

– Et maintenant, Bénédicte, voici ta mission : faire le relevé de ces parois ! Je vais te montrer et tu t'entraineras pendant quelques jours. Tu travailleras avec l'équipe égyptienne. Ils vont arriver d'une minute à l'autre…

* *Hypostyle signifie « porté par des colonnes ».*

– … et tu seras sous la surveillance de la plus cruelle des patronnes, sourit Pauline, la photographe, en pointant du doigt une statue de déesse à tête de lionne.

Impressionnante, cette déesse ! Pierre, l'architecte de l'équipe, m'explique que le temple de Ptah est connu dans la région, et même dans le monde entier, pour cette statue de Sekhmet, qui fut retrouvée en mille morceaux dans la chapelle. Peu de temps après sa découverte au début du XXe siècle, des enfants qui jouaient à proximité sont morts ensevelis sous une partie de l'enceinte en briques crues qui s'était effondrée…

suite page 63

LA GRANDE FAMILLE DES DIEUX ÉGYPTIENS

Rê  **«Râ»**

Il est le soleil et le seigneur du ciel. Chaque nuit, il traverse dans sa barque le monde souterrain puis le ciel pendant la journée.
Rê connait plusieurs états : Khépri le matin (sous forme d'un scarabée), Horakhty le midi (un faucon) et Atoum le soir (un bélier à cornes horizontales).

Osiris  **«Ousir»**

Enveloppé dans une gaine de momie et tenant les sceptres du pouvoir, il est le fils de Geb (la Terre) et de Nout (le Ciel), et l'époux d'Isis. C'est le premier roi d'Égypte. Son frère Seth l'assassine et découpe son corps en plusieurs morceaux, qui seront ensuite rassemblés par Isis. Voilà pourquoi Osiris est le dieu des morts, chargé de juger les défunts en pesant leur cœur sur une balance.

Isis  **«Aset»**

C'est la sœur et l'épouse d'Osiris. Lorsque ce dernier meurt et disparait, elle part à sa recherche et réussit à lui redonner la vie. Puis elle aide leur fils Horus à réclamer son héritage au tribunal des dieux. Ayant les pouvoirs d'une magicienne, cette déesse symbolise les mères. Elle a aussi pour rôle de protéger la barque du dieu Rê. Isis a été vénérée dans tout l'Empire romain, jusqu'en Écosse et en Allemagne !

Seth 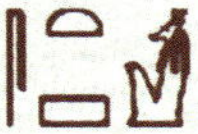 « Setech »

Fils de Geb et de Nout, frère d'Osiris et époux de Nephthys, il fomente le complot pour éliminer Osiris. Seth est associé à la couleur rouge du sang et de la colère, il est le maitre des déserts. C'est un dieu guerrier et massacreur, mais qui protège néanmoins le soleil. C'est seulement pendant les dernières périodes de la civilisation égyptienne qu'il devint le symbole du mal : une réputation que lui ont surtout faite… les Grecs.

Horus  « Hor »

Le dieu du ciel et de la royauté prend la forme d'un faucon. Fils d'Osiris et d'Isis, Horus perd l'un de ses yeux alors qu'il combat son oncle Seth pour récupérer son héritage. Une fois soigné, cet œil représentera la lune, alors que l'autre, intact, représentera le soleil. Succédant à son père Osiris, Horus est le second des souverains mythiques d'Égypte : sur terre, les premiers rois pharaons à s'être placés sous son obédience prenaient le nom de « Suivants d'Horus ».

Thot  « Djéhouty »

Considéré comme un magicien, c'est le dieu de l'écriture : c'est même lui qui l'a inventée ! Il est aussi le dieu de la parole, et l'incarnation de la sagesse. Avec la déesse Séchat, Thot veille sur les bibliothèques et inscrit le nom du roi sur les feuilles de l'arbre iched (« l'arbre des millions d'années »). Dans les mythes égyptiens, c'est le secrétaire des dieux et le patron de tous les scribes.

Sobek  « Sobek »

Dieu crocodile du Fayoum, il est très vénéré à partir du Moyen Empire (2050-1710 av. J.-C.). Dieu de l'eau et de l'inondation, au caractère très dangereux, Sobek protège les Égyptiens contre les dangers du Nil.

Hathor  «Hout-Hor» (le château ou l'enceinte d'Horus)

Déesse de l'ivresse, de l'amour, de la danse, du vin et de la musique, elle est aussi appelée la «Dame du Sycomore». Ses attributs? Un instrument de musique nommé «sistre» et un collier ménat. Hathor est souvent représentée sous une apparence de femme à oreilles de vache. Ses autres missions sont d'accueillir les défunts, de protéger les carrières de turquoise du Sinaï et la nécropole thébaine.

Anubis  «Inpou»

Homme à tête de chien sauvage, il est le fils de Nephtys et d'Osiris. C'est le dieu patron des embaumeurs et le gardien des nécropoles. Il conduit les défunts dans l'autre monde jusqu'à la salle du jugement. Qualifié de «Préposé à la bandelette», il est lié à la Lune.

Bastet  «Bastet»

Déesse complexe, elle est la forme douce et assagie de la dangereuse déesse lionne Sekhmet. Des fêtes lui sont consacrées, ainsi que d'innombrables statuettes en bronze déposées dans les nécropoles de chats, comme à Saqqarah. Elle est la déesse de la joie, de la musique et de la famille.

Ptah 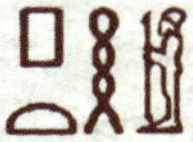 «Ptah»

Originaire de la capitale Memphis, Ptah est considéré comme le créateur du monde grâce à la parole. Il est le dieu des artisans et des orfèvres, des carrières et des mines. Il est représenté comme un homme debout sur un podium, tenant un grand sceptre dans ses mains.

Les habitants du village voisin avaient alors supplié un archéologue français, Georges Legrain, de restaurer la statue pour apaiser ce monstre ! Ils prenaient Sekhmet pour une goule, une sorte de femelle vampire, et craignaient qu'elle continue à dévorer leurs enfants. Un siècle plus tard, la statue a toujours des adorateurs, qui se faufilent parfois à travers les barrières du chantier de fouilles pour venir la vénérer dans la chapelle. Notre équipe a ainsi régulièrement dû les prier… de sortir !

Bip bip bip ! Six heures du matin, mon réveil me tire d'un sommeil peuplé de créatures mythologiques. Après un délicieux déjeuner égyptien, je file au bureau. Là, je récupère mon sac qui contient mon attirail de dessinatrice : j'aurai surtout besoin de grandes feuilles de plastique transparent et de feutres noirs. Antoine, dont la mission consiste à établir des cartes détaillées du site, m'accompagne pour mon premier jour de chantier.

– Tu as sûrement déjà fait des relevés ? Tu vas voir, ici, c'est presque pareil, mais en plus acrobatique. Monte sur l'échafaudage, je te fais passer le matériel.

Je grimpe prestement. Allez, au travail ! Je plaque une feuille transparente sur la paroi qui est devant moi.

– Commence plutôt par mettre la feuille dans un coin, me conseille Christophe, ce sera plus facile de te repérer ensuite. Plaque-la bien, OK ? Bon, maintenant, à toi de jouer du feutre !

Pas facile, de décalquer des dessins en relief… Il me faut être très minutieuse, car chaque trace, chaque reste de peinture, chaque reprise d'un motif doit être enregistrée. C'est ainsi que, feuille après feuille, je vais devoir reproduire tout le mur. En traçant une ceinture de perles sur le pagne d'un pharaon, je retiens ma respiration. Ooops, j'ai fait un trait de trop ! Heureusement, j'ai ce qu'il faut dans ma mallette : je trempe un Coton-Tige dans l'acétone, un produit qui efface le feutre, et voilà, corrigé ! Et dire que j'ai encore des milliers de figures à dessiner… L'archéologie, c'est une vraie école de patience. Mais c'est aussi parfois très sportif, comme je le constate un matin de la semaine suivante.

– Aujourd'hui, on va faire… du yoga ! me dit Nina, la stagiaire archéologue.

Du yoga ? J'avoue que je ne m'attendais pas à ça. Mais je comprends vite pourquoi : nous devons décalquer des motifs sur des blocs éparpillés tout autour du monument. Allez hop, je m'allonge sur le sol sablonneux et me contorsionne pour accéder aux dessins, parfois dans des positions totalement inédites.

Quel drôle de travail, vraiment ! Mais plus je passe des heures dans ce temple, et plus j'ai envie d'y revenir. Surtout que je peux compter sur les conseils du reste de l'équipe et sur l'aide précieuse des ouvriers, qui sont aux petits soins pour nous.

Une fois achevés, les transparents que j'ai dessinés partent chez Jean-François, le photographe, qui prend des clichés en haute résolution, puis me les envoie sur mon ordinateur. Grâce à un logiciel, je rassemble tous les clichés sur une seule et même image, et je retrace avec ma palette graphique les dessins que j'ai réalisés sur le terrain.

Ces fichiers seront plus tard utilisés pour la publication officielle du temple par l'IFAO, l'Institut français d'archéologie orientale, qui est en quelque sorte la « maison mère » des égyptologues français. Le livre sera ensuite mis en vente et rejoindra les étagères des grandes bibliothèques universitaires de par le monde.

Outre le travail, séjourner en Égypte me permet de temps en temps de jouer les touristes ! Avec mon sac à dos et une réserve de bouteilles d'eau, je pars à l'assaut des sites de la région. Je visite même certains endroits plusieurs dizaines de fois comme le temple de Médinet Habou de Ramsès III – aux parois bien conservées – ou les tombes colorées des artisans du village de Deir el-Médineh pour bien m'en imprégner ! Et, surtout, les autres équipes internationales d'égyptologues nous invitent régulièrement à visiter leurs chantiers de fouilles.

Et voilà comment nous assistons, ébahis, à la sortie de terre d'un fragment de colosse du roi Amenhotep III (1390-1350 av. J.-C.) qui représente sa reine, nommée Tiy. La terre humide recouvre encore son visage mais elle est ma-gni-fique. C'est l'équipe qui travaille au Kom el-Hettan, le temple funéraire du père du célèbre Akhénaton, qui a fait cette merveilleuse trouvaille.

Cette année égyptienne a été l'une des plus belles de ma vie. Que de richesses, de découvertes, de rencontres ! D'ailleurs, j'ai appris plein de mots arabes, qui m'ont permis de faire mes premières phrases pour discuter avec les Égyptiens. Merci à Karima, l'assistante égyptienne de Jean-François, qui m'a servi de prof de langue.

Au retour de cette année égyptienne incroyable, c'est décidé ! Je vais travailler plus que jamais et décrocher mon diplôme, pour pouvoir retourner en Égypte et surtout à Karnak, là où un petit bout de mon cœur est resté.

Une découverte incroyable

Des fouilles difficiles, récompensées par des pieds fabuleux !

– Alors ça y est, prête pour Tell Hazor ? Vous avez bien votre visa pour l'Israël et tous les papiers en règle ? Bernard Mathieu, mon directeur de thèse, est ravi pour moi.

Située sur les grandes routes du commerce de l'Âge du bronze, la cité d'Hazor, découverte en 1875, est de première importance dans l'Antiquité. Le professeur Amnon Ben-Tor, un archéologue israélien renommé, m'a invitée ici pour participer au chantier de fouilles du site. Son équipe et lui ont fait une découverte majeure en 2012 : une patte d'un sphinx de Mykérinos, qui date de 2 500 av. J.-C. environ.

En lisant de nombreux documents avant de venir, j'ai réalisé que Hazor était souvent citée dans la Bible. Au point que le grand archéologue Yigael Yadin, qui y a fait de nombreuses recherches dans les années 1950, avait déclaré :

– On peut fouiller ici avec une Bible dans une main, et une truelle dans l'autre !

J'interpelle Amnon Ben-Tor en souriant :

– Il parait que vous cherchez le même trésor que votre prédécesseur ?

– Eh eh, oui : la salle des archives de la cité !

Là, j'ai vraiment l'impression d'être dans le film d'aventures *Indiana Jones*. Sous nos pieds, il y aurait une salle secrète, avec des tablettes en argile cuite qui attendent d'être découvertes et traduites. Je ressens comme une fièvre vertigineuse, un rêve que chaque fouilleur caresse une fois arrivé sur le terrain…

– Vous savez sûrement, me rappelle le professeur, que le roi de Hazor avait un statut privilégié par rapport aux autres princes de la région ?

– Oui. On raconte même qu'il n'hésitait pas à attaquer les villes de ses voisins. Et ceux-là se plaignaient au pharaon !

C'est dire l'influence considérable de l'Égypte à l'époque, puisque la capitale, Memphis, était située à près de 700 kilomètres d'ici !

– C'est pour ça qu'on vous a fait venir ici, jusqu'en Israël ! sourit le professeur.

– L'Égypte, c'est ma passion ! J'ai lu beaucoup de documents sur Hazor, mais je voulais venir me rendre compte sur le terrain. Merci encore de m'avoir invitée ! Il paraît que de nombreux fragments…

– … oui, beaucoup d'objets sont venus d'Égypte ! Ici, on a découvert des mains, des jambes de statues, et une tête royale, entre autres.

Ah oui, cette fameuse tête ! On se demande encore à quel pharaon elle appartient, mais on pense qu'elle date de la fin de la Ve ou du début de la VIe dynastie…

Chapitre 5

Ces découvertes ont été faites en partie pendant les fouilles du grand archéologue israélien Yigael Yadin, puis dans le cadre du programme auquel je participe avec de nombreux volontaires issus d'un peu partout dans le monde.

D'ailleurs, c'est notre première chaîne de seaux : on se les passe de main en main pour évacuer la terre des carrés de fouille, avant de la tamiser. Les conversations et les éclats de rire vont bon train.

– *Oh, it's heavy* !* me dit mon voisin avec un drôle d'accent anglais.

– Ah oui, il est très lourd, ce seau. *Are you coming from the USA** ?*

**Oh c'est lourd ! ** Vous venez des États-Unis ?*

– *No, South Africa**!*

Je transmets le seau à ma voisine.

– *Spanish*** ? me demande-t-elle, en l'attrapant avec une facilité déconcertante.

– *No I'm French*** !*

Cinquante seaux plus tard, j'ai les bras en feu et je transpire à grosses gouttes. Un grand filet nous protège du soleil, mais pas vraiment de la chaleur... Dans ces moments-là, je m'évade dans mes pensées. Pourquoi suis-je là, déjà ? « Tâchez de découvrir la tête du sphinx... et son arrière-train, tant qu'à faire » m'a dit Bernard Mathieu, mon directeur de thèse, avant mon départ.

Non, d'Afrique du Sud ! ** Vous êtes espagnole ? * Non, je suis française !*

Je supplie Thot, le dieu des sciences : que ma truelle découvre une jarre à décor de lotus, ou un petit scarabée hyksôs ! N'importe quel objet, mais égyptien ! Un de mes voisins me tire de mes rêveries, en espagnol.

– *¡ Anda, Bénédicte, nos vamos* !*

On y va, la journée est terminée ! Dans le bus qui nous ramène à notre « campement », un confortable kibboutz (un village communautaire israélien), je suis assise à côté d'une Canadienne.

– Dites-moi, pourquoi tout le monde me prend pour une Espagnole ?

– Il faut dire qu'on n'a pas vu de Français depuis 25 ans ici, rigole-t-elle. Et encore moins de Française… Enchantée, je m'appelle Jilian.

Le lendemain, le réveil sonne à 4 h 15. Habillage, trajet en bus, café sur le chantier, hop le bal des seaux recommence. Tiens, et si je chantais pour motiver les troupes ! Je saisis ma chance : nous sommes le 14 juillet.

– Allons enfants de la patri-i-e le jour de gloire est arrivé !

Je n'ai pas le temps d'entamer la deuxième strophe de la Marseillaise, que toute la troupe éclate de rire ! À partir d'aujourd'hui plus personne ne doutera de mes origines. Voilà une équipe sympathique, avec laquelle je serai ravie de me couvrir de terre sans me couvrir de honte.

* *Allez, Bénédicte, on y va !*

Nous sommes le mardi 19 juillet 2016. Ouf, la troisième et dernière chaîne de seaux de la journée est terminée ! Je me dirige vers mon « poste de travail » habituel, une large pierre encore à moitié enfouie, pour noter les dernières informations sur mon plan. Mais que se passe-t-il ?

Mon collègue Brian Kovach, un professeur américain, s'est immobilisé, avec sa dizaine de seaux vides entre les bras. Que fait-il ? Il observe une pierre couverte de poussière, avec un angle droit saillant vers le haut. Une pierre sur laquelle nous avons toutes et tous marché une bonne dizaine de fois… Soudain, il lâche ses seaux et se précipite sur le bloc, qu'il commence à dépoussiérer avec sa main.

suite page 76

LES OUTILS DU CHANTIER DE FOUILLES

Pour mettre au jour l'entrée d'une tombe, un orteil de statue ou un objet du quotidien, il faut souvent remuer des tonnes de terre, en utilisant différents outils et en prenant mille et une précautions...

L'indispensable truelle et le couteau

Avec sa pointe, on racle le sol, puis on l'utilise pour dégager la terre ou le sable couche par couche et mettre au jour les vestiges sans les casser. Le couteau multifonctions permet, lui, de bricoler, réparer ou installer tout ce qui est nécessaire sur le chantier de fouilles.

Les pinceaux : tout en douceur

Voilà des outils efficaces pour retirer la poussière et les restes de terre sur un objet sans l'abimer.

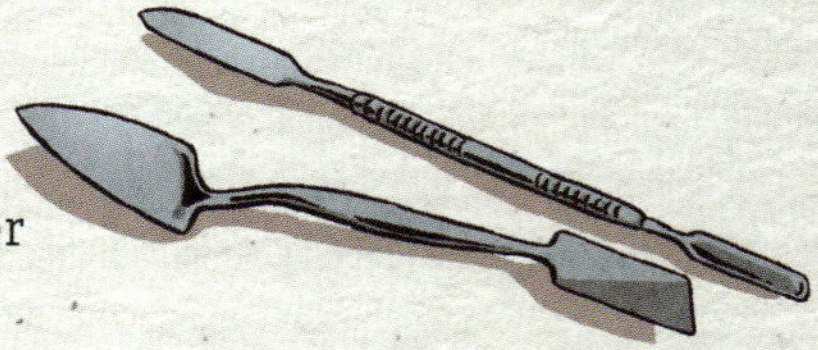

Matériel de précision

Pour dégager avec précision des objets ou des traces, l'archéologue peut utiliser des outils de dentiste. La spatule est un complément très utile.

Seaux, pelle et balayette

Pelle et balayette permettent de nettoyer le carré de fouilles. Pour évacuer la terre, l'idéal est de faire la chaîne et de se passer les seaux de main en main. Mais attention à ne pas les surcharger, et à garder d'un porteur à l'autre son sens du rythme !

Un tamis pour ne rien oublier...

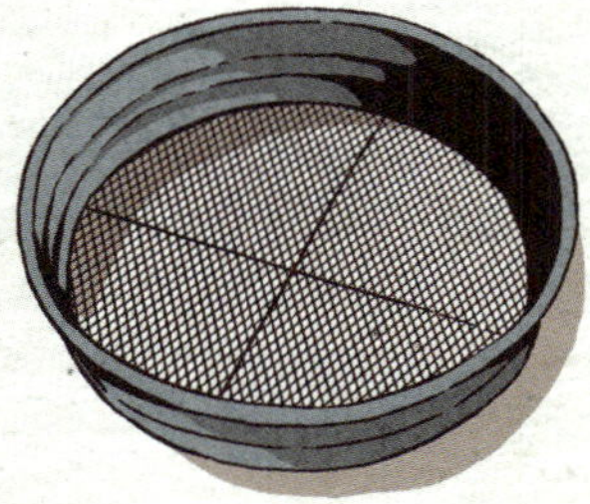

Un petit morceau de céramique ou de charbon, une dent... parfois, certains restes sont si petits qu'on ne les voit pas. Le fin grillage du tamis permet de les retenir !

Pelle et pioche pour remonter le temps

On les utilise généralement pour retirer de larges bandes de terre couche par couche et mettre ainsi à jour les différentes époques d'occupation du lieu. Pas question de creuser des trous !

Fil et clous pour carroyer

Pour faciliter l'enregistrement des éléments trouvés, les archéologues tracent des carrés de fouille à l'aide de ficelle et de clous. Tous les carrés ont les mêmes dimensions, et chacun reçoit un numéro. C'est le carroyage !

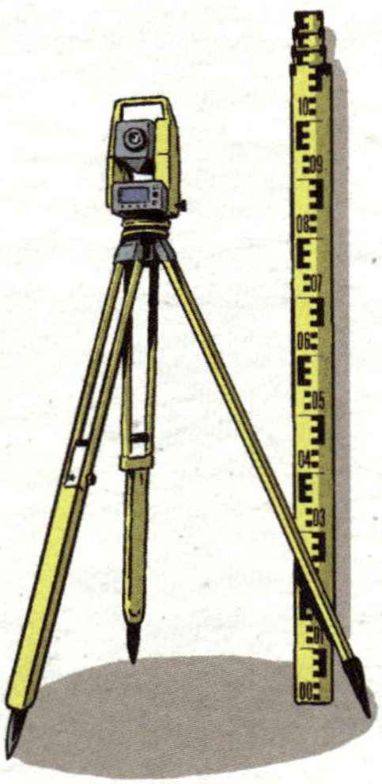

Le théodolite : un appareil essentiel !

Il permet de mesurer les niveaux et l'altitude du chantier. On prend les mesures le matin, puis à la fin de la session. Le calcul permet de savoir de combien de centimètres les archéologues sont descendus chaque jour et de pouvoir replacer un vestige à la bonne couche une fois le chantier arrêté. Mais comme il est impossible de revenir en arrière une fois une couche évacuée, il faut tout documenter et prendre un maximum de photos.

Chapitre 5

– *Look*!* crie-t-il en direction d'Elanij, une volontaire sud-africaine : *it looks like a foot**!*

Je saute de mon perchoir et j'accours aussi vite que je peux, le cœur battant :

– Tu as raison, Brian ! C'est un pied de statue !

Comprenant qu'il s'agit d'un socle, je me penche pour mieux voir à quoi nous avons affaire. Partout, des dessins de jonc, de corbeilles, un serpent à cornes, une tête de canard... Je pousse un long cri rauque qui s'échappe de mes tripes, comme un feulement de chat.

– *OH MY GOODNESS! OH MY GOODNESS***! OHHHHH MY...*

** Regarde ! ** On dirait un pied !*

****Bonté divine !*

Pendant quelques instants, voilà les seuls sons que je réussis à articuler… jusqu'à ce qu'une euphorie indescriptible s'empare de moi. DES HIÉROGLYPHES !

Je saisis la pierre à deux mains pour la remettre à la verticale.

– Elle est si légère ? s'étonne Valentin, mon collègue espagnol.

– Pas du tout ! C'est l'adrénaline qui me donne des forces !

Nous nous mettons à frotter frénétiquement l'un des bords de la pierre pour dépoussiérer le texte tandis que les autres, intrigués par le bruit, s'approchent et commencent à applaudir.

Shlomit Bechar, la directrice du chantier de fouilles, fend le groupe et pose à son tour les yeux sur notre « monument ». Car, en prenant quelques pas de recul, je constate qu'il s'agit d'un socle de statue, avec les restes non pas d'un pied mais des deux ! Ce 19 juillet 2016, l'équipe dont je fais partie vient de mettre au jour l'un des plus grands vestiges égyptiens jamais découverts en Israël. Et je ne suis pas au bout de mes surprises…

****

Les pieds que nous avons trouvés sont ceux d'une statue de scribe, dont on devine qu'il est en position asymétrique, une jambe relevée et l'autre plaquée au sol à l'horizontale, le dos du pied droit coincé derrière le talon gauche. Notre découverte mesure 45 cm de haut pour 40 cm de large environ. La statue complète devait à l'origine faire environ 1,10 m de haut.

Cette œuvre, faite de calcaire, est malheureusement très abîmée par endroits : les doigts de pied sont détruits et il ne reste à l'arrière qu'une partie de l'arrondi des fesses. Pourtant, une bonne partie des inscriptions restent lisibles. Mais c'est un autre détail qui accroche mon attention : un petit reste de pagne, en haut de la jambe gauche, avec une ceinture plissée d'où s'échappent des fils ornés de perles tubulaires.

– Professeur Ben-Tor, je suis convaincue que c'est une ceinture chesemtet ! C'est caractéristique de la fonction de grand-prêtre de Ptah.

– Vous avez déjà vu ça ?

– Oui ! Il y a au musée du Louvre un groupe de statues, qui représente Sehetepibrêânkhnedjem et son fils Nebipou. Les deux sont en position de prière, ils portent le collier du grand-prêtre de Ptah, et cette même ceinture chesemtet.

Le professeur écarquille les yeux, l'assistance est silencieuse. Quelle sacrée découverte !

****

Quelques jours plus tard, la découverte est annoncée officiellement. Tiens, et si j'appelais en visio Dominique Farout, mon ancien professeur féru de langues anciennes, pour l'informer ? Nous sommes le 26 juillet, ça lui fera une belle surprise d'anniversaire !

– Bon anniversaire Dominique !

– Ah, merci Bénédicte ! Il doit faire chaud en Israël, dis donc. Moi je suis en Pologne… Alors, ce chantier ! Tu as trouvé les fesses d'un pharaon, finalement ?

– Non, pas tout à fait. Tiens, regarde, je t'envoie des photos…

– Ah, les voilà… Ça alors ! Nom d'un… chacal ! Il y a des hiéroglyphes !

– Justement, tu en penses quoi ?

– Attends, j'enfile mes lunettes. Alors, il est écrit sur le

socle, à côté du pied droit : « Le bienheureux aux louanges constantes, qui fait ce que loue Ptah chaque jour, le vénérable des contrôleurs des artisans Nebipou… »

– Nebipou ???

– Oui, Nebipou !

– *Oh my Goodness !!!!*

En lisant ce nom, Dominique et moi avons sursauté au même instant, à des milliers de kilomètres de distance. Je réalise à cet instant que nous avons déterré... quelqu'un que je connais bien ! Nebipou est un vieil « ami » du musée du Louvre. C'est la statue que j'avais évoquée devant le professeur Amnon le jour de la découverte… Quel hasard incroyable !

Le dieu Ptah m'a-t-il entendue ? En tout cas, il y a sans doute autant de chances qu'une telle coïncidence se produise que de gagner au loto en y jouant pour la première fois.

Mais qui est donc ce Nebipou ? Haut fonctionnaire et grand-prêtre de Ptah, ce personnage particulièrement important a vécu aux alentours de 1850 av. J.-C. Il avait la charge de la construction des monuments du pays. La statue que nous avons découverte à Hazor provient manifestement d'un sanctuaire de Memphis, en Égypte, qui reste à découvrir...

****

Quelques mois plus tard, je retourne voir les statues de Nebipou et de son père au musée du Louvre avec une collègue. Je lui raconte la découverte.

– Tu te rends compte, c'était le plus beau moment de ma vie !

– Mais que font tous ces vestiges égyptiens aussi loin de

leur lieu d'origine ? Memphis, c'est à plusieurs centaines de kilomètres d'Hazor !

– Certains disent qu'ils pourraient avoir été volés par les Hyksôs pendant une guerre contre les Égyptiens, mais c'est très peu probable. Ou alors, ces œuvres pourraient être des cadeaux diplomatiques, offerts par un pharaon au roi de Hazor.

– Tu n'as pas l'air convaincue… ?

– Ces hypothèses sont peu probables. La présence de tant d'œuvres égyptiennes à Hazor reste inexpliquée… Mais une chose est sûre, toutes les statues découvertes sur ce site ont été détruites volontairement !

Est-ce le roi de Hazor qui, pour montrer sa puissance, aurait ordonné leur destruction ? C'est ce que pense le professeur Ben-Tor.

En tout cas, certains morceaux de ces statues ont été « recyclés », comme simples matériaux de construction ! Les pieds de Nebipou, tout comme les pattes du sphinx de Mykérinos, étaient utilisés comme n'importe quelle autre pierre dans un mur...

Des dizaines d'objets égyptiens restent sans doute à découvrir dans le secteur, mais il faudra encore beaucoup de patience, des centaines d'étudiants motivés et, surtout, des milliers de seaux plus ou moins remplis de terre, pour percer tous les mystères d'Hazor !

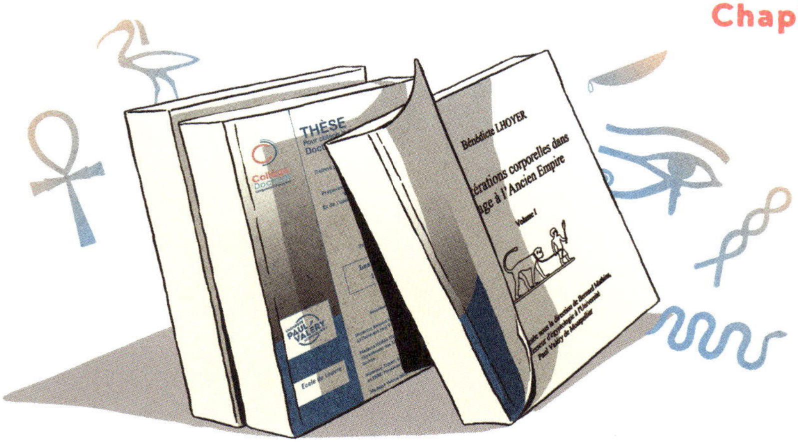

Égyptologue, un métier fait de passion…

Rendez-vous express avec le cercueil de Ramsès II.

Nous sommes le 5 décembre 2018 : le grand jour de ma soutenance de thèse est enfin arrivé ! Les membres du jury, des spécialistes de l'Égypte antique et une anthropologue, ont lu attentivement les 1 173 pages que j'ai écrites. La soutenance est publique, ce qui est encore plus stressant pour moi ! On me pose des questions, j'y réponds, on discute, on met en évidence de nouvelles perspectives de recherches. Quatre heures plus tard, le jury se retire pour délibérer… puis rouvre la porte pour faire part de sa décision.

– Félicitations, vous êtes docteure !

Cette petite phrase signifie que j'entre officiellement dans la grande famille des égyptologues professionnels. CINQ ANS ! Il m'aura fallu cinq ans pour pouvoir, enfin, soutenir ma thèse. Ma joie est immense : c'est l'aboutissement d'un rêve d'enfant, et le début d'un nouveau chapitre de ma vie…

****

Tout d'abord, je continue à donner des cours à l'École du Louvre et des conférences un peu partout. Mais faire de la recherche, c'est essentiel : je me rends souvent à la bibliothèque pour travailler, et rédiger des articles ou des études d'œuvres dans des catalogues d'exposition.

En 2019, je rejoins l'équipe française de l'exposition « Toutânkhamon, le trésor du pharaon » à La Villette, à Paris.

suite page 86

DEVENIR ÉGYPTOLOGUE

**Tu veux devenir égyptologue, toi aussi ?
Ce métier te fait rêver? Le travail est essentiel, mais la clé de la réussite, c'est la curiosité : ne jamais hésiter à visiter des musées – à commencer par le Louvre ! –, observer des œuvres d'art, bref, à sauter sur l'occasion d'apprendre quelque chose !**

Un bon niveau au collège et au lycée

D'abord, il te faut acquérir de bonnes bases au collège, en maths, en histoire-géographie ou en français. Au lycée, tu peux choisir des matières littéraires ou des matières scientifiques. Un conseil ? Familiarise-toi avec les langues anciennes en apprenant le latin ou le grec… Après le lycée, différentes universités proposent des cursus en égyptologie. Ou, pour les plus motivés, le mieux est de passer le concours de l'École du Louvre, en terminale.

Apprendre à faire des fouilles

Il existe en France des chantiers accessibles aux adolescents. Le site internet du ministère de la Culture publie, à partir de mars-avril, des listes de chantiers qui ont besoin de bénévoles. Avoir une expérience de terrain peut être déterminant pour une future candidature dans les études supérieures…

Se former aux nouvelles technologies

L'archéologie est sans cesse en mouvement : les progrès scientifiques, l'imagerie 3D, les logiciels informatiques se développent rapidement.
Il faut former des spécialistes capables de les utiliser. Et les nouvelles technologies permettent d'identifier plus facilement les endroits les plus propices à fouiller (il y en a des… milliers !).

Là, sont présentés 150 objets – dont un lit rehaussé d'or, des statuettes de divinités, un grand collier orné de scarabées et même une trompette en argent ! – tous plus beaux les uns que les autres, que je présente à des visiteurs de marque. L'exposition attire plus d'un million de personnes ! Un record !

Quatre ans plus tard, en 2023, j'apprends avec enthousiasme que je suis nommée conseillère scientifique de l'exposition « Ramsès et l'or des pharaons ». Quel honneur ! Nous accueillons le cercueil du pharaon Ramsès II, autant dire un trésor inestimable que des milliers de gens rêvent d'approcher. C'est sans nul doute la pièce la plus remarquable de la visite et, effectivement, des centaines de milliers de visiteurs de tous âges se précipitent pour le voir. Quelle cohue ! Moi, j'ai la chance de pouvoir déambuler quasi seule au milieu des œuvres avant l'ouverture ou après la fermeture des portes... et de vivre quelques moments exceptionnels.

Un soir, nous devons vérifier la vitrine blindée qui protège le cercueil du grand roi, avec des collègues de la sécurité, et un conservateur égyptien rattaché au musée du Caire. Le déverrouillage est complexe, nous patientons sagement. Lorsque le lourd panneau de verre est enfin retiré, je demande au conservateur si je peux m'approcher...

– Allez-y, Bénédicte... Penchez-vous... Il a été sculpté il y a plus de trois-mille ans, mais je suis sûr que vous allez sentir l'odeur si caractéristique du cèdre du Liban.

En effet, je reconnais immédiatement l'odeur de ce bois, connu pour résister au temps et aux insectes xylophages. Un vrai parfum d'éternité !

Aujourd'hui, je travaille au musée de Picardie, à Amiens, qui accueille une collection égyptienne très ancienne. Elle a commencé à être constituée dix-sept ans seulement après le déchiffrement des hiéroglyphes par Jean-François Champollion, en 1839, à l'initiative de la « Société des Antiquaires de Picardie » : à l'époque, cette société savante avait acheté une momie et ses cercueils.

Depuis la création du musée, d'autres objets égyptiens sont venus compléter les vitrines jusqu'à former un ensemble d'environ 600 objets. Il y a même un coffret en bois doré de Toutânkhamon, mais il est très abîmé : il a été réduit en petits morceaux pour être enterré dans une jarre à Abydos...

J'ai pour mission de redonner toute sa grandeur à la collection égyptienne, dans un nouvel espace. Charge à moi de tout réorganiser, avec l'équipe du musée : la taille des vitrines, le placement des objets, la rédaction des cartels... Un travail qui permet de dénicher des trésors cachés, sans même avoir à traverser la Méditerranée ! Ainsi, parmi les objets rangés dans les réserves du musée, nous avons identifié un fragment de table d'offrande venant d'Abydos, et une quarantaine de céramiques, pour certaines vieilles de cinq-mille ans ! Et, juste avant Noël 2024, dans une caisse marquée « divers », nous avons fait une nouvelle trouvaille : un pot à khôl (l'ancêtre de l'eye-liner) formé de deux tubes tenus... par un nain ! Décidément, le destin est malicieux !

Donner des cours, faire des recherches en bibliothèque, s'occuper des collections d'un musée, c'est enthousiasmant. Mais la vocation des archéologues, c'est d'abord d'être sur le terrain. Alors j'espère de tout cœur pouvoir continuer à fouiller le palais de Hazor. Par exemple, on n'a toujours pas réussi à savoir où se trouve la salle des archives, où reposent sans doute des tablettes en terre cuite couvertes de textes. Et il reste à trouver de nombreux morceaux de statues égyptiennes pour compléter les fragments découverts les années précédentes ! J'ai donc encore de passionnants voyages devant moi !

Chronologie de l'Égypte antique

Vers 3300 av. J.-C.

Apparition de l'écriture.

Vers 3100 av. J.-C.

Unification de l'Égypte par le roi Narmer, considéré comme le premier souverain dans les listes royales égyptiennes.

Vers 2250 av. J.-C.

Effondrement de l'Égypte, entrée dans une période d'affrontements entre des princes locaux.

Vers 2060 av. J.-C.

Réunification du pays sous la houlette de Montouhotep II, un prince de Thèbes qui inaugure le Moyen Empire et qui choisit la rive gauche de cette cité pour son tombeau.

663 av. J.-C.

Le roi assyrien Assurbanipal détruit la ville de Thèbes et brûle le temple de Karnak. Les rois égyptiens d'origine nubienne repartent en direction du Soudan.

525 av. J.-C.

Les Perses, conduits par Cambyse II, prennent l'Égypte et la transforment en Satrapie, une province de l'Empire perse. Les Grecs aident les Égyptiens à se révolter régulièrement.

Vers 2700 av. J.-C.

onstruction de la première pyramide à Saqqarah pour le roi Djéser, par l'architecte Imhotep, au début de l'Ancien Empire.

Vers 2550 av. J.-C.

Construction de la grande pyramide de Khéops sur le plateau de Gizeh, à l'aide d'ouvriers payés et probablement de rampes pour tracter les pierres extraites localement ou venant de carrières lointaines.

Vers 1550 av. J.-C.

Début du Nouvel Empire, avec la fin des guerres contre les Hyksôs venus de Syrie-Palestine.

Vers 1479-1450 av. J.-C.

Règne d'Hatchepsout, deuxième femme à monter sur le trône égyptien.

1352-1335 av. J.-C.

Règne d'Amenhotep IV-Akhénaton, qui bouleverse la tradition politique et religieuse de l'Égypte en adorant le dieu solaire Aton.

1274 av. J.-C.

Bataille de Qadesh (en Syrie) où les armées de Ramsès II combattent celles du roi hittite Mouwattali II.

30 av. J.-C.

Mort de Césarion et de Cléopâtre VII, fin de l'Égypte pharaonique.

Glossaire

Bas-relief
paroi d'un monument, souvent en pierre, sculptée d'images et de hiéroglyphes. Soit l'artiste fait ressortir les motifs en relief, soit il creuse les images.

Écriture cunéiforme
très ancienne écriture apparue au IVe millénaire avant notre ère en Mésopotamie, d'abord formée de lignes droites et de courbes avant de devenir plus stylisée.

Égyptologue
personne qui étudie l'Égypte ancienne et qui a suivi un cursus universitaire. Ce peut être un archéologue, un conservateur de musée, un chercheur...

Hiéroglyphes
écriture inventée en Égypte au IVe millénaire avant notre ère, où les signes dessinés représentent des êtres vivants ou des objets (humains, animaux, plantes, outils...).

Horloges de la mort
espèce d'insectes aussi appelée « grosse vrillette » qui se nourrit de bois (« xylophage »).

Khôl
maquillage des yeux très utilisé en Égypte ancienne, de couleur verte ou noire, et qui protège des insectes, de la poussière, du sable et des infections.

Lapis-lazuli
pierre d'un bleu nuit parfois rehaussé de paillettes d'or, qui provenait des mines d'Afghanistan et qui servait à créer des bijoux.

Mastaba
« banquette » en arabe. Mot qui désigne depuis le milieu du XIXe siècle les tombes de l'Ancien Empire de forme trapézoïdale.

Nécropole
« ville des morts » en grec ancien. Nom donné aux cimetières qui sont organisés en quartiers, avec des rues et des tombes perçues comme des demeures d'éternité.

Obélisque
« brochette » en grec ancien. Grand monument sous forme d'une aiguille de pierre, couvert de hiéroglyphes. Contrairement à ce qui a été écrit parfois, ce n'est pas un rayon de soleil !

Offrandes
cadeaux ou hommages offerts à une divinité, souvent de la nourriture solide ou liquide, ainsi que des bouquets de fleurs.

Papyrus
plante (*Cyperus papyrus*) qui pousse sur les berges du Nil et qui, découpée en fines bandes, a donné une sorte de papier sur lequel les scribes écrivaient. Le mot papyrus peut aussi désigner le document.

Pectoral
bijou plus ou moins large, porté sur le haut de la poitrine. C'est un ornement formé de perles et/ou de métal précieux.

Pharaon
nom donné au roi d'Égypte (homme ou femme), dérivant du terme égyptien *per aâ* « la grande maison », donc le palais royal. Ce titre est apparu au Nouvel Empire.

Sarcophage
« mangeur de chair » en grec ancien. Nom donné par les Grecs au grand coffre en pierre qui servait de cercueil pour les défunts. Chez les Égyptiens, le mot utilisé est *neb ânkh*, « le maitre de vie » !

Sumérien
langue ancienne qui vient de Sumer, une région au sud de la Mésopotamie. Elle fait partie des plus anciennes écritures connues, apparue au IVe millénaire avant notre ère.

Tablette
support d'écriture en argile sous forme de rectangle ou d'ovale. Avec un roseau taillé en biseau, le scribe y imprimait des signes (en forme de « clous ») pour écrire. On pouvait conserver la tablette en la passant au four.

Index

Explore la science

à travers les yeux de ceux qui la font vivre !

La science, comme un roman… tel est le principe de la collection « Mes carnets de sciences » qui propose aux enfants de découvrir des histoires racontées par de grands scientifiques.

Dès 9 ans

En librairie

11,90 €

Illustrations : © Olivia Sautreuil

Bayard Jeunesse